Sollte diese Publikation Links auf Webseiten Dritter enthalten, so übernehmen wir für deren Inhalte keine Haftung, da wir uns diese nicht zu eigen machen, sondern lediglich auf deren Stand zum Zeitpunkt der Erstveröffentlichung verweisen.

Wir danken für die Unterstützung der Abteilung für Kunst und Kultur der NÖ Landesregierung.

1. Auflage
© 2021, Vermes-Verlag Ges.m.b.H.
Kleine Tullnbachgasse 64, 3430 Tulln an der Donau
Alle Rechte vorbehalten.

Text: Ferdinand Auhser
Umschlag und Innenillustrationen: Studio Vermes (Charakterdesign: Manuela Wildauer, Konzeption und Ausführung: Agnes Mayer, Assistenz: Daniela Huber)
Bakabu-Projekt: Ferdinand Auhser, Arthur Lauber, Manfred Schweng
Satz und Gestaltung: Lorenz+Lechner GbR, Inning am Ammersee
Druck: Gugler GmbH, Melk/Donau

Printed in Austria

ISBN 978-3-903300-42-2

www.vermes-verlag.com
www.bakabu.at

Cradle to Cradle Certified™ Pureprint innovated by gugler*
Gesund. Rückstandsfrei. Klimapositiv.
www.gugler.at

Ferdinand Auhser

und die
Weihnachtsglocke

Mit Illustrationen von
Daniela Huber, Agnes Mayer und Manuela Wildauer

VERMES-VERLAG

Im Singeland liegt Schnee. So viel Schnee, dass alle Wiesen und Wälder mit einer weichen, weißen Decke überzogen sind. In dem kleinen Dörfchen Hornhausen zieht sich auch gerade jemand eine Decke über den Kopf. Es ist ein Ohrwurm. Sein Name ist Bakabu.
Und obwohl es Abend wird und am Himmel schon die Sterne funkeln, kann Bakabu gar nicht ans Schlafen denken. Denn es ist ein ganz besonderer Abend.

„Heute ist der Weihnachtsabend", flüstert Bakabu aufgeregt. „Und ich habe alle meine Freunde zum Weihnachtsfest eingeladen. Aber es ist noch so viel zu tun. Oje, oje."
Seit Bakabu auf der Erde das Weihnachtsfest kennengelernt hat, wird nämlich auch im Singeland Weihnachten gefeiert. Und auch im Singeland ist es eines der schönsten Feste, auf das sich jede und jeder freut. Ein Fest, bei dem alle zusammen sind, sich alle gernhaben und bei dem es Geschenke gibt!
Als Bakabu an das schöne Fest und an seine Freunde denkt, fasst er wieder Mut.

„Ich kann mich doch nicht einfach unter meiner Decke verstecken! Wo doch alle schon so auf Weihnachten warten!"
Aufgeregt schlüpft der Ohrwurm hervor und flitzt um einen großen grünen Baum, der mitten in seinem Haus steht.
  „Zuerst muss ich den Weihnachtsbaum schmücken", keucht er. „Und es muss der allerschönste Weihnachtsbaum in ganz Hornhausen werden. Der aller-aller-allerschönste. Mit Kerzen und Sternen und bunten Girlanden. Und einem Sternenregen. Dann brauche ich für meine Gäste natürlich leckere Weihnachtskekse. Und heißen Weihnachtspunsch. Und ein wunderbares Weihnachtslied, bei dem die Kerzen am Baum zu leuchten beginnen … und dann brauche ich noch Geschenke. Für alle. Und dann …

„KLINGELINGELING!", läutet es plötzlich.

„Huch? Was war denn das?"
Bakabu springt zur Türe. „Wer läutet um diese Zeit? Sind denn die Gäste schon hier?"
Als Bakabu die Türe öffnet, ist weit und breit niemand zu sehen.

„Hmmm. Wer kann das nur gewesen sein?", fragt sich der Ohrwurm verwundert. „Vielleicht Charlie Gru? Aber wo ist er bloß hin? Wahrscheinlich war ihm die Glocke zu laut und er hat es wieder mit der Angst zu tun bekommen. Am besten, ich hole ihn, damit er mir helfen kann."

Bakabu macht sich auf den Weg zu seinem besten Freund. Zu Charlie Gru, der Tontaube.

Charlie Gru wohnt in einer Grube unter einer großen alten Zitterpappel. Doch als Bakabu an die Türe im Boden klopft, rührt sich nichts. Gar nichts. Nicht der leiseste Tontauben-Ton ist zu hören.
„Seltsam", murmelt Bakabu. „Charlie Gru ist nicht zu Hause? Er ist doch so ängstlich. Wo kann er bloß sein? Irgendetwas stimmt da nicht! Vielleicht weiß Mimi Lou Bescheid."

Schnell zischt Bakabu durch den Schnee in den großen, dichten Wald, in dem die Knallfrösche wohnen. Denn Mimi Lou ist ein Knallfrosch. Sie ist sogar der durchgeknallteste Knallfrosch, den man sich vorstellen kann. Und sie ist seine beste Freundin. Normalerweise quakt Mimi Lou schon hinter einem Baum hervor, wenn Bakabu nur in die Nähe des Waldes kommt, doch heute … ist es ganz still.

„Sehr, sehr seltsam", denkt Bakabu. „Wo sind denn bloß alle hin? Da stimmt doch etwas ganz und gar nicht!"

Wie der Blitz flitzt Bakabu durch die weiche weiße Schneedecke zurück ins Dörfchen Hornhausen. Erst blickt er auf das Gitarrenhaus von Ukuleila, der schrillen Grille. Dann schaut er zu dem großen Iglu, das Jack Embalo, der maulende Maulesel, rund um sein Klavier gebaut hat.

„Alles finster. Stockdunkel", raunt Bakabu besorgt.

Doch plötzlich beginnt seine Nase zu zucken. „Da riecht es doch …" schnüffelt Bakabu, „da riecht es doch nach …", schnüffelt er weiter und schnuppert sich immer näher an Onkel Kornetts Nebelhorn heran.
Er kennt den Geruch, aber es will ihm einfach nicht einfallen. Hastig klopft Bakabu an die Türe. Und noch einmal. Und noch einmal. Bis sie endlich … einen Spalt weit … geöffnet wird.

„Ähm … Bakabu. So eine … ähm … Überraschung", knurrt Onkel Kornett, die alte Ohrmuschel, durch den Spalt. Bakabu ist so aufgeregt, dass er gleich hineinplatzt. „Onkel Kornett, alles ist ganz eigenartig in Hornhausen. Heute ist doch der Weihnachtsabend, aber niemand ist zu Hause. Charlie Gru ist fort und Mimi Lou ist weg und Jack Embalo und Ukuleila und … Moooment mal …" Bakabu bemerkt, dass er und Onkel Kornett nicht die Einzigen im Raum sind. Ganz und gar nicht.

„Charlie Gru?", fragt Bakabu ungläubig. „Bist du das da in der Ecke? Und Mimi Lou? Da oben an der Decke? Und Ukuleila und Jack Embalo in der Küche? Versteckt ihr euch etwa vor mir?"

„Ach Quatsch, Baquabu", platzt Mimi Lou heraus, als sie von der Decke springt. „Wieso sollten wir uns denn verstequen? Wir haben uns quaaaanz zufällig hier quetroffen."

„Genau, gaaanz zufällig", murmeln alle etwas verlegen. Nur Anton Kammerton sagt nichts. Er schnarcht in einem alten Ohrensessel vor sich hin.

„Soso, ganz zufällig also", sagt Bakabu. „Also schön. Nur, wer von euch hat denn nun bei mir an der Tür geläutet?"

„A-A-An der L-L-Lür getäutet?", stammelt Charlie Gru. „A-A-Aber Bakabu, wir waren doch a-a-alle hier. Bei K-K-Konkel Ornett. Schon s-s-seit Stund …"

Jack Embalo hält Charlie Gru schnell den Schnabel zu.

„Von uns hat bestimmt niemand an deiner Tür geläutet, Bakabu, hihihi", quietscht Ukuleila vergnügt.

„Am besten, wir sehen gleich alle gemeinsam nach, wer es war. Hier sind wir ohnehin fertig, hihihi."

„Aber nein, das geht nicht", ruft Bakabu. „Ihr könnt noch nicht zu mir kommen. Es gibt doch noch so viel zu tun und es soll das tollste und schönste Weihnachtsfest in ganz Hornhausen werden."

„Ach", knurrt Onkel Kornett. „Das wird es ganz sicher. Außerdem solltest du nicht alleine nach Hause gehen, kleiner Bakabu. Wer weiß? Vielleicht, ähm … war es ja der … der Glockengeist, der an deiner Tür geläutet hat."

„Der G-G-Glockengeist?", stammelt Charlie Gru und zieht den Kopf sofort unter seinen dicken, roten Schal.

„Na ja, ähm", knurrt Onkel Kornett verlegen. „Der Glockengeist ist ein ganz besonderes Wesen. Sehr geheimnisvoll."

Doch dann zwinkert er Charlie Gru zu und flüstert: „Weil es ihn gar nicht gibt … ähm … hoffe ich zumindest."

Die Freunde machen sich gemeinsam auf den Weg zu Bakabus Haus. Der kleine Ohrwurm ist sehr aufgeregt. Deshalb fällt ihm auch gar nicht auf, dass jeder seiner Besucher ein Gepäckstück dabeihat.

Zu Hause blickt Bakabu traurig auf den Weihnachtsbaum.
„So gerne hätte ich für meine Freunde den schönsten und buntesten Weihnachtsbaum im ganzen Singeland geschmückt", schnieft Bakabu, „und jetzt ist er leer. Ich habe gar kein Geschenk ... für niemanden."

Der kleine Ohrwurm reibt sich eine Träne aus jedem Auge. Schnell zieht er sich die Decke über den Kopf.
Kurz darauf traut er seinen Augen nicht. Der Weihnachtsbaum strahlt in den schönsten Farben, mit bunten Girlanden, glitzernden Sternen, einer Kerze an jedem Ast und außerdem ist da schon wieder dieser … dieser Duft. Ukuleila legt gerade leckere, frischgebackene Kekse auf einen Teller und Jack Embalo gießt für jeden eine Tasse mit heißem Weihnachtspunsch ein.
„Aber wie, aber was, aber wann, aber wo …?", fragt Bakabu verwirrt.
„Tja, mein kleiner, neugieriger Ohrwurm", knurrt Onkel Kornett.
„Du hast uns doch zum Weihnachtsfest eingeladen. Deshalb kommen wir mit Geschenken, wie das nun mal so ist zu Weihnachten. Anton Kammerton hat seine Nachtkerzen zusammengesammelt, ich habe aus meinen Pfeifenreinigern Sterne gebaut und Charlie Gru hat einen seiner vielen Fallschirme zu Girlanden zerschnitten. Obwohl er sehr große Angst vor der Schere hatte. Ukuleila und Jack Embalo haben in der Küche gewerkt und Mimi Lou … ähm … Mimi … Mimi Lou?"

„KLINGELINGELING!"

„Da!", ruft Bakabu. „Da ist es schon wieder. Das Klingeln!" Bakabu stürmt zur Tür, reißt sie auf und ruft: „Mimi Lou! Ich wusste doch ..."

Weit und breit ist kein Knallfrosch zu sehen. Dafür bemerkt Bakabu etwas anderes. Seine Glockenblume, die er vor langer Zeit von der Erde mitgebracht hat, leuchtet im Garten wie nie zuvor. Sie glänzt in den schönsten Goldtönen, die das Singeland je gesehen hat. Und die Glockenblume läutet: „KLINGELINGELING!" Schon wieder.

„Na ja", knurrt Onkel Kornett. „Die Glockenblume kommt von der Erde. Natürlich möchte sie auch Weihnachten feiern."

Bakabu kann gar nicht fassen, wie schön seine Lieblingsblume am Weihnachtsabend leuchtet. Doch irgendwie hat Bakabu das Gefühl, dass ihm die Blume etwas sagen möchte. Sie zippelt und zappelt und bimmelt und bammelt hin und her.

Plötzlich flüstert Charlie Gru ihm etwas zu. „Meinst du?", fragt Bakabu. Die Tontaube nickt sehr bestimmt.

Bakabu blickt die Glockenblume an und sagt leise: „Liebe Glockenblume, ich wünsche dir ein wunderwunderschönes Weihnachtsfest!" Das Läuten der Glockenblume hört mit einem Mal auf und ein wunderschönes Weihnachtslied erklingt. So schön, dass alle Kerzen am Weihnachtsbaum in Bakabus Haus zu leuchten beginnen. Es ist das Weihnachtslied der Glockenblume und es heißt „Kling, Glöckchen, klingelingeling!"

Alle singen mit und wünschen einander frohe Weihnachten. Nur Mimi Lou ist nicht … ach, Moment. Die ist auf das Dach von Bakabus Haus geklettert und lässt es so richtig knallen – wie es sich für einen Knallfrosch eben gehört.

Jetzt hat Bakabu doch noch ein Geschenk für seine Freunde, nämlich ein ganz neues Lied: das Weihnachtslied der Glockenblume.

Und so ist es tatsächlich ein wunderschönes Weihnachtsfest geworden. Das aller-allerallerschönste Weihnachtsfest im ganzen Singeland.